FABLES

DE

LA FONTAINE

ILLUSTRÉES.

EPINAL
IMP. LITH. CH. PINOT ÉDITEUR.

LE CORBEAU & LE RENARD.

Maître corbeau, sur un arbre perché,
Tenait en son bec un fromage.
Maître renard, par l'odeur alléché,
Lui tint à peu près ce langage :
Eh ! bonjour, monsieur du corbeau !
Que vous êtes joli, que vous me semblez beau !
Sans mentir, si votre ramage
Se rapporte à votre plumage,
Vous êtes le phénix des hôtes de ces bois.

A ces mots, le corbeau ne se sent pas de joie ;
      Et pour montrer sa belle voix,
Il ouvre un large bec, laisse tomber sa proie.
Le renard s'en saisit, et dit : Mon bon Monsieur,

      Apprenez que tout flatteur
   Vit aux dépens de celui qui l'écoute :
Cette leçon vaut bien un fromage, sans doute ?
      Le corbeau honteux et confus,
Jura, mais un peu tard, qu'on ne l'y prendrait plus.

LE LABOUREUR & SES ENFANTS.

   Travaillez, prenez de la peine ;
   C'est le fonds qui manque le moins.

Un riche laboureur, sentant sa mort prochaine,
Fit venir ses enfants, leur parla sans témoins :
Gardez-vous, leur dit-il, de vendre l'héritage
    Que nous ont laissé nos parents ;
    Un trésor est caché dedans.
Je ne sais pas l'endroit ; mais un peu de courage
Vous le fera trouver ; vous en viendrez à bout.
Remuez votre champ dès qu'on aura fait l'oût ;
Creusez, fouillez, bêchez ; ne laissez nulle place
    Où la main ne passe et repasse.
Le père mort, les fils vous retournent le champ,
Deçà, delà, partout ; si bien qu'au bout de l'an
    Il en rapporta davantage.
D'argent, point de caché. Mais le père fut sage
    De leur montrer, avant sa mort,
    Que le travail est un trésor.

LE LOUP ET L'AGNEAU.

La raison du plus fort est toujours la meilleure ;
Nous l'allons montrer tout-à-l'heure.

Un agneau se désaltérait
Dans le courant d'une onde pure.
Un loup survient à jeun, qui cherchait aventure,
Et que la faim en ces lieux attirait.
Qui te rend si hardi de troubler mon breuvage ?
Dit cet animal plein de rage ;

Tu seras châtié de ta témérité.
Sire, répond l'agneau, que votre majesté
    Ne se mette pas en colère:
    Mais plutôt qu'elle considère
    Que je me vas désaltérant
      Dans le courant,
    Plus de vingt pas au-dessous d'elle,
Et que, par conséquent, en aucune façon,
    Je ne puis troubler sa boisson.
Tu la troubles! reprit cette bête cruelle;
Et je sais que de moi tu médis l'an passé.
Comment l'aurais-je fait si je n'étais pas né?
    Reprit l'agneau; je tette encore ma mère. —
    Si ce n'est toi, c'est donc ton frère. —
Je n'en ai point. — C'est donc quelqu'un des tiens;
    Car vous ne m'épargnez guère.
    Vous, vos bergers et vos chiens.
On me l'a dit : il faut que je me venge !
    Là-dessus, au fond des forêts
    Le loup l'emporte, et puis le mange,
    Sans autre forme de procès.

LE CHIEN QUI LACHE SA PROIE POUR L'OMBRE.

    Chacun se trompe ici-bas:
    On voit courir après l'ombre
    Tant de fous, qu'on n'en sait pas,
    La plupart du temps, le nombre.
Au chien dont parle Esope il faut les renvoyer.

Ce chien voyant sa proie en l'eau représentée,
La quitta pour l'image et pensa se noyer.
La rivière devint tout d'un coup agitée;
    A toute peine il regagna les bords,
    Et n'eut ni l'ombre ni le corps.

L'ANE & LE CHIEN.

Il se faut entr'aider, c'est la loi de nature :
    L'âne un jour pourtant s'en moqua ;
    Et ne sais comme il y manqua,
    Car il est bonne créature.
Il allait par pays, accompagné du chien,
    Gravement, sans songer à rien ;
    Tous deux suivis d'un commun maître.
Ce maître s'endormit. L'âne se mit à paître :
    Il était alors dans un pré

Dont l'herbe était fort à son gré.
Point de chardons pourtant, il s'en passa pour l'heure ;
Il ne faut pas toujours être si délicat ;
Et, faute de servir ce plat,
Rarement un festin demeure.
Notre baudet s'en sut enfin
Passer pour cette fois. Le chien, mourant de faim,
Lui dit : Cher compagnon, baisse-toi, je te prie,
Je prendrai mon dîné dans le panier au pain.
Point de réponse, mot : le roussin d'Arcadie
Craignit qu'en perdant un moment
Il ne perdit un coup de dent ;
Il fit longtemps la sourde oreille.
Enfin, il répondit : Ami, je te conseille
D'attendre que ton maître ait fini son sommeil :
Car il te donnera sans faute à son réveil
Ta portion accoutumée :
Il ne saurait tarder beaucoup.
Sur ces entrefaites un loup
Sort du bois, et s'en vient : autre bête affamée.
L'âne appelle aussitôt le chien à son secours.
Le chien ne bouge, et dit : Ami, je te conseille
De fuir en attendant que ton maître s'éveille ;
Il ne saurait tarder : détale vite, et cours.
Que si ce loup t'atteint, casse-lui la mâchoire :
On t'a ferré de neuf ; et, si tu me veux croire,
Tu l'étendras tout plat. Pendant ce beau discours,
Seigneur loup étrangla le baudet sans remède.

    Je conclus qu'il faut qu'on s'entr'aide.

LE LION DEVENU VIEUX

Le lion, terreur des forêts,
Chargé d'ans et pleurant son antique prouesse,
Fut enfin attaqué par ses propres sujets,
Devenus forts par sa faiblesse.
Le cheval s'approchant lui donne un coup de pied,
Le loup un coup de dent, le bœuf un coup de corne.
Le malheureux lion languissant, triste et morne,
Peut à peine rugir, par l'âge estropié.
Il attend son destin sans faire aucunes plaintes ;

Quand voyant l'âne même à son antre accourir :
Ah ! c'est trop, lui dit-il, je voulais bien mourir ;
Mais c'est mourir deux fois que souffrir tes atteintes !

LE CERF SE MIRANT DANS L'EAU.

Dans le cristal d'une fontaine
Un cerf, se mirant autrefois,
Louait la beauté de son bois,
Et ne pouvait qu'avecque peine
Souffrir ses jambes de fuseaux,
Dont il voyait l'objet se perdre dans les eaux.
Quelle proportion de mes pieds à ma tête !
Disait-il en voyant leur ombre avec douleur :
Des taillis les plus hauts mon front atteint le faîte ;
Mes pieds ne me font point d'honneur.
Tout en parlant de la sorte,
Un limier le fait partir.
Il tâche à se garantir ;
Dans les forêts il s'emporte :
Son bois, dommageable ornement,
L'arrêtant à chaque moment,
Nuit à l'office que lui rendent
Ses pieds, de qui ses jours dépendent.
Il se dédit alors, et maudit les présents
Que le ciel lui fait tous les ans·
Nous faisons cas du beau, nous méprisons l'utile,
Et le beau souvent nous détruit.
Ce cerf blâme ses pieds qui le rendent agile :
Il estime un bois qui lui nuit.

LE RENARD, LE LOUP & LE CHEVAL.

Un renard, jeune encor, quoique des plus madrés,
Vit le premier cheval qu'il eût vu de sa vie.
Il dit à certain loup, franc novice : Accourez,
      Un animal paît dans nos prés,
Beau, grand ; j'en ai la vue encor toute ravie.
Est-il plus fort que nous ? dit le loup en riant :
      Fais-moi son portrait, je te prie.
Si j'étais quelque peintre ou quelque étudiant,
Repartit le renard, j'avancerais la joie

   Que vous aurez en le voyant.
Mais venez. Que sait-on ? peut-être est-ce une proie
   Que la fortune nous envoie.
Ils vont, et le cheval, qu'à l'herbe on avait mis,
Assez peu curieux de semblables amis,
Fut presque sur le point d'enfiler la venelle.
Seigneur, dit le renard, vos humbles serviteurs
Apprendraient volontiers comment on vous appelle.
Le cheval, qui n'était dépourvu de cervelle,
Leur dit : Lisez mon nom, vous le pouvez, Messieurs,
Mon cordonnier l'a mis autour de ma semelle.
Le renard s'excusa sur son peu de savoir :
Mes parents, reprit-il, ne m'ont point fait instruire ;
Ils sont pauvres, et n'ont qu'un trou pour tout avoir :
Ceux du loup, gros messieurs, l'ont fait apprendre à
             [lire.

   Le loup, par ce discours flatté,
   S'approcha. Mais sa vanité
Lui coûta quatre dents : le cheval lui desserre
Un coup ; et haut le pied. Voilà mon loup par terre,
   Mal en point, sanglant et gâté.
Frère, dit le renard, ceci nous justifie
   Ce que m'ont dit des gens d'esprit :
Cet animal vous a sur la mâchoire écrit
Que de tout inconnu le sage se méfie.

LE CORBEAU VOULANT IMITER L'AIGLE.

L'oiseau de Jupiter enlevant un mouton,
    Un corbeau, témoin de l'affaire,
Et plus faible de reins, mais non pas moins glouton,
    En voulut sur l'heure autant faire.
    Il tourne à l'entour du troupeau,
Marque entre cent moutons le plus gras, le plus beau,
    Un vrai mouton de sacrifice.
On l'avait réservé pour la bouche des dieux.
Gaillard corbeau disait, en le couvant des yeux :

Je ne sais qui fut ta nourrice,
Mais ton corps me paraît en merveilleux état;
Tu me serviras de pâture.
Sur l'animal bêlant, à ces mots, il s'abat.
La moutonnière créature
Pesait plus qu'un fromage; outre que sa toison
Était d'une épaisseur extrême,
Et mêlée à peu près de la même façon
Que la barbe de Polyphême.
Elle empêtra si bien les serres du corbeau,
Que le pauvre animal ne put faire retraite:
Le berger vient, le prend, l'encage bien et beau,
Le donne à ses enfants pour servir d'amusette.

Il faut se mesurer, la conséquence est nette:
Mal prend aux volereaux de faire les voleurs.
L'exemple est un dangereux leurre.
Tous les mangeurs de gens ne sont pas grands seigneurs;
Où la guêpe a passé, le moucheron demeure.

LE COQ ET LA PERLE.

Un jour un coq détourna
Une perle qu'il donna
Au beau premier lapidaire.
Je la crois fine, dit-il;
Mais le moindre grain de mil
Serait bien mieux mon affaire.
Un ignorant hérita
D'un manuscrit qu'il porta
Chez son voisin le libraire.
Je crois, dit-il, qu'il est bon;
Mais le moindre ducaton
Serait bien mieux mon affaire.

LE MEUNIER, SON FILS ET L'ANE.

L'invention des arts étant un droit d'aînesse,
Nous devons l'apologue à l'ancienne Grèce :
Mais ce champ ne se peut tellement moissonner,
Que les derniers venus n'y trouvent à glaner.
La feinte est un pays plein de terres désertes :
Tous les jours nos auteurs y font des découvertes.
Je t'en veux dire un trait assez bien inventé :
Autrefois à Racan, Malherbe l'a conté.
Ces deux rivaux d'Horace, héritiers de sa lyre,
Disciples d'Apollon, nos maîtres, pour mieux dire,
Se rencontrant un jour tout seuls et sans témoins,
(Comme ils se confiaient leurs pensers et leurs soins)
Racan commence ainsi : Dites-moi, je vous prie,
Vous qui devez savoir les choses de la vie,
Qui par tous ses degrés avez déjà passé,
Et que rien ne doit fuir en cet âge avancé ;
A quoi me résoudrais-je ? Il est temps que j'y pense.
Vous connaissez mon bien, mon talent, ma naissance :
Dois-je dans la province établir mon séjour ?
Prendre emploi dans l'armée, ou bien charge à la cour?

Tout au monde est mêlé d'amertume et de charmes :
La guerre a ses douceurs, l'hymen a ses alarmes.
Si je suivais mon goût, je saurais où buter ;
Mais j'ai les miens, la cour, le peuple à contenter.
Malherbe là-dessus : Contentez tout le monde !
Ecoutez ce récit avant que je réponde.

J'ai lu dans quelque endroit qu'un meunier et son fils,
L'un vieillard, l'autre enfant, non pas des plus petits,
Mais garçon de quinze ans, si j'ai bonne mémoire,
Allaient vendre leur âne un certain jour de foire.
Afin qu'il fût plus frais et de meilleur débit,
On lui lia les pieds, on vous le suspendit ;
Puis cet homme et son fils le portent comme un lustre.
Pauvres gens ! idiots ! couple ignorant et rustre !
Le premier qui les vit de rire s'éclata :
Quelle farce, dit-il, vont jouer ces gens-là ?
Le plus âne des trois n'est pas celui qu'on pense.
Le meunier, à ces mots, connaît son ignorance :
Il met sur pieds sa bête, et la fait détaler.
L'âne, qui goûtait fort l'autre façon d'aller,
Se plaint en son patois. Le meunier n'en a cure ;
Il fait monter son fils, il suit ; et d'aventure,
Passent trois bons marchands. Cet objet leur déplut.
Le plus vieux au garçon s'écria tant qu'il put :
Oh là ! oh ! descendez que l'on ne vous le dise,
Jeune homme, qui menez laquais à barbe grise !
C'était à vous de suivre, au vieillard de monter.
Messieurs, dit le meunier, il vous faut contenter.
L'enfant met pied à terre, et puis le vieillard monte.
Quand trois filles passant, l'une dit : C'est grand'honte
Qu'il faille voir ainsi clocher ce jeune fils,
Tandis que ce nigaud, comme un évêque assis,
Fait le veau sur son âne, et pense être bien sage.
Il n'est, dit le meunier, plus de veaux à mon âge :
Passez votre chemin, la fille, et m'en croyez.
Après maints quolibets coup sur coup renvoyés,
L'homme crut avoir tort, et mit son fils en croupe.
Au bout de trente pas, une troisième troupe
Trouve encore à gloser. L'un dit : Ces gens sont fous !
Le baudet n'en peut plus ; il mourra sous leurs coups.
Hé quoi ! charger ainsi cette pauvre bourrique !
N'ont-ils point de pitié de leur vieux domestique !
Sans doute qu'à la foire ils vont vendre sa peau.
Parbleu ! dit le meunier, est bien fou du cerveau
Qui prétend contenter tout le monde et son père.
Essayons toutefois si, par quelque manière,
Nous en viendrons à bout. Ils descendent tout deux :
L'âne se prélassant marche seul devant eux.
Un quidam les rencontre, et dit : Est-ce la mode
Que baudet aille à l'aise, et meunier s'incommode ?
Qui de l'âne ou du maître est fait pour se lasser ?
Je conseille à ces gens de le faire enchâsser.
Ils usent leurs souliers, et conservent leur âne !
Nicolas au rebours : car, quand il va voir Jeanne,
Il monte sur sa bête ; et la chanson le dit :
Beau trio de baudets ! Le meunier repartit :
Je suis âne, il est vrai, j'en conviens, je l'avoue ;
Mais que dorénavant on me blâme, on me loue,
Qu'on dise quelque chose, ou qu'on ne dise rien,
Je veux faire à ma tête. Il le fit, et fit bien.
Quant à vous, suivez Mars ou l'amour, ou le prince,
Allez, venez, courez, demeurez en province ;
Prenez femme, abbaye, emploi, gouvernement :
Les gens en parleront, n'en doutez nullement.

LE LION AMOUREUX.

Sévigné, de qui les attraits
Servent aux Grâces de modèle,
Et qui naquîtes toute belle,
A votre indifférence près,
Pourriez-vous être favorable
Aux jeux innocents d'une fable,
Et voir, sans vous épouvanter,
Un lion qu'Amour sut dompter ?
Amour est un étrange maître !

Heureux qui peut ne le connaître,
Que par récit, lui ni ses coups !
Quand on en parle devant vous,
Si la vérité vous offense,
La fable, au moins se peut souffrir :
Celle-ci prend bien l'assurance
De venir à vos pieds s'offrir,
Par zèle et par reconnaissance.
Du temps que les bêtes parlaient,

Les lions, entre autres voulaient
Être admis dans notre alliance.
Pourquoi non ? puisque leur vengeance
Valait la nôtre en ce temps-là,
Ayant courage, intelligence,
Et belle hure outre cela.
Voici comment il en alla.
Un lion de haut parentage,
En passant par un certain pré,
Rencontra bergère à son gré.
Il la demande en mariage.
Le père aurait fort souhaité
Quelque gendre un peu moins terrible.
La donner lui semblait bien dur :
La refuser n'était pas sûr.
Même un refus eût fait, possible,
Qu'on eût vu quelque beau matin
Un mariage clandestin ;
Car, outre qu'en toute manière
La belle était pour les gens fiers,
Fille se coiffe volontiers
D'amoureux à longue crinière.
Le père donc ouvertement
N'osant renvoyer notre amant,
Lui dit : Ma fille est délicate :
Vos griffes la pourront blesser
Quand vous voudrez la carresser.
Permettez donc qu'à chaque patte
On vous les rogne ; et pour les dents,
Qu'on vous les lime en même temps :
Vos baisers en seront moins rudes,
Et pour vous plus délicieux,
Car ma fille y répondra mieux
Étant sans ces inquiétudes.
Le lion consent à cela :
Tant son âme était aveuglée !
Sans dents ni griffes le voilà,
Comme place démantelée.
On lâcha sur lui quelques chiens ;
Il fit fort peu de résistance.
Amour ! Amour ! quand tu nous tiens,
On peut bien dire : Adieu prudence !

LE CHÊNE ET LE ROSEAU.

Le chêne un jour dit au roseau
Vous avez bien sujet d'accuser la nature :
Un roitelet pour vous est un pesant fardeau !
   Le moindre vent qui, d'aventure,
   Fait rider la face de l'eau,
   Vous oblige à baisser la tête ;
Cependant que mon front, au Caucase pareil,
Non content d'arrêter les rayons du soleil,
   Brave l'effort de la tempête.
Tout vous est aquilon, tout me semble zéphir.
Encor si vous naissiez à l'abri du feuillage
   Dont je couvre le voisinage,
   Vous n'auriez pas tant à souffrir :
   Je vous défendrais de l'orage ;
   Mais vous naissez le plus souvent
Sur les humides bords des royaumes du vent.
La nature envers vous me semble bien injuste.
Votre compassion, lui répondit l'arbuste,
Part d'un bon naturel : mais quittez ce souci :
   Les vents me sont moins qu'à vous redoutables ;
Je plie et ne romps pas. Vous avez jusqu'ici
   Contre leurs coups épouvantables
   Résisté sans courber le dos ;
Mais attendons la fin. Comme il disait ces mots,
Du bout de l'horizon accourt avec furie
   Le plus terrible des enfants,
Que le nord eût portés jusque-là dans ses flancs.
   L'arbre tient bon ; le roseau plie.
   Le vent redouble ses efforts,
   Et fait si bien, qu'il déracine
Celui de qui la tête au ciel était voisine,
Et dont les pieds touchaient à l'empire des morts.

LA CIGALE ET LA FOURMI.

La cigale ayant chanté
    Tout l'été,
Se trouva fort dépourvue
Quand la bise fut venue:
Pas un seul petit morceau
De mouche ou de vermisseau !
Elle alla crier famine
Chez la fourmi, sa voisine,
La priant de lui prêter
Quelque grain pour substister
Jusqu'à la saison nouvelle:
Je vous paierai, lui dit-elle,
Avant l'août, foi d'animal,
Intérêt et principal.
La fourmi n'est pas prêteuse;
C'est là son moindre défaut:
Que faisiez-vous au temps chaud !
Dit-elle à cette emprunteuse. —
Nuit et jour à tout venant
Je chantais, ne vous déplaise. —
Vous chantiez ! j'en suis fort aise.
Eh bien ! dansez maintenant.

LES GRENOUILLES QUI DEMANDENT UN ROI.

Les grenouilles, se lassant
De l'état démocratique,
Par leurs clameurs firent tant,
Que Jupin les soumit au pouvoir monarchique.
Il leur tomba du ciel un roi tout pacifique :
Ce roi fit toutefois un tel bruit en tombant,
Que la gent marécageuse,
Gent fort sotte et fort peureuse,
S'alla cacher sous les eaux,

Dans les joncs, dans les roseaux,
Dans les trous du marécage,
Sans oser de longtemps regarder au visage
Celui qu'elles croyaient être un géant nouveau.
Or, c'était un soliveau,
De qui la gravité fit peur à la première
Qui, de le voir s'aventurant,
Osa bien quitter sa tanière.
Elle approcha, mais en tremblant.
Une autre la suivit, une autre en fit autant ;
Il en vint une fourmilière :
Et leur troupe, à la fin, se rendit familière
Jusqu'à sauter sur l'épaule du roi.
Le bon sire le souffre, et se tient toujours coi.
Jupin en a bientôt la cervelle rompue :
Donnez-nous, dit ce peuple, un roi qui se remue !
Le monarque des dieux leur envoie une grue,
Qui les croque, qui les tue,
Qui les gobe à son plaisir.
Et les grenouilles de se plaindre,
Et Jupin de leur dire : Eh quoi ! votre désir
A ses lois croit-il nous astreindre ?
Vous avez dû premièrement
Garder votre gouvernement ;
Mais ne l'ayant pas fait, il vous devait suffire
Que votre premier roi fût débonnaire et doux :
De celui-ci contentez-vous,
De peur d'en rencontrer un pire.

LE RENARD & LE BOUC.

Capitaine renard allait de compagnie
Avec son ami bouc, des plus haut encornés.
Celui-ci ne voyait pas plus loin que son nez ;
L'autre était passé maître en fait de tromperie.
La soif les obligea de descendre en un puits.
      Là, chacun d'eux se désaltère.
Après qu'abondamment tous deux en eurent pris,
Le renard dit au bouc : Que ferons-nous, compère ?
Ce n'est pas tout de boire, il faut sortir d'ici.

Lève tes pieds en haut, et tes cornes aussi;
Mets-les contre le mur: le long de ton échine
        Je grimperai premièrement;
        Puis, sur tes cornes m'élevant,
        A l'aide de cette machine,
        De ce lieu-ci je sortirai,
        Après quoi je t'en tirerai.
Par ma barbe! dit l'autre, il est bon; et je loue
        Les gens bien sensés comme toi.
        Je n'aurais jamais, quant à moi,
        Trouvé ce secret, je l'avoue.
Le renard sort du puits, laisse son compagnon,
        Et vous lui fait un beau sermon
        Pour l'exhorter à patience;
Si le ciel t'eût, dit-il, donné par excellence
Autant de jugement que de barbe au menton,
        Tu n'aurais pas à la légère
Descendu dans ce puits. Or, adieu! j'en suis hors:
Tâche de t'en tirer, et fais tous tes efforts;
        Car pour moi, j'ai certaine affaire
Qui ne me permet pas d'arrêter en chemin.

En toute chose il faut considérer la fin.

LE LOUP ET LA CIGOGNE.

Les loups mangent gloutonnement.
Un loup donc étant de frairie,
Se pressa, dit-on, tellement,
Qu'il en pensa perdre la vie :
Un os lui demeura bien avant au gosier.
De bonheur pour ce loup, qui ne pouvait crier,
Près de là passe une cigogne.
Il lui fait signe : elle accourt.
Voilà l'opératrice aussitôt en besogne.

Elle retire l'os ; puis, pour un si bon tour,
	Elle demanda son salaire.
	Votre salaire ? dit le loup,
	Vous riez, ma bonne commère !
	Quoi ! ce n'est pas encor beaucoup
D'avoir de mon gosier retiré votre cou ?
	Allez ! vous êtes une ingrate :
	Ne tombez jamais sous ma patte.

La Génisse, la Chèvre et la Brebis en société avec le Lion.

La génisse, la chèvre, et leur sœur la brebis,
Avec un fier lion, seigneur du voisinage,
Firent société, dit-on, au temps jadis,
Et mirent en commun le gain et le dommage.
Dans les lacs de la chèvre un cerf se trouva pris.
Vers ses associés aussitôt elle envoie.
Eux venus, le lion par ses ongles compta ;
Et dit : nous sommes quatre à partager la proie ;
Puis en autant de parts le cerf il dépeça ;
Prit pour lui la première en qualité de sire.
Elle doit être à moi, dit-il, et la raison,
	C'est que je m'appelle lion :
	A cela l'on n'a rien à dire.
La seconde, par droit, me doit échoir encor.
Ce droit, vous le savez, c'est le droit du plus fort.
Comme le plus vaillant, je prétends la troisième.
Si quelqu'une de vous touche à la quatrième,
	Je l'étranglerai tout d'abord.

La Grenouille qui veut se faire aussi grosse que le Bœuf.

        Une grenouille vit un bœuf
        Qui lui sembla de belle taille.
Elle, qui n'était pas grosse en tout comme un œuf,
Envieuse s'étend, et s'enfle, et se travaille,
      Pour égaler l'animal en grosseur,
        Disant : Regardez-bien, ma sœur,
Est-ce assez ? dites-moi ; n'y suis-je point encore ?
Nenni. M'y voici donc ? Point du tout. M'y voilà ?
Vous n'en approchez point. La chétive pécore

S'enfla si bien qu'elle creva.

Le monde est plein de gens qui ne sont pas plus sages ;
Tout bourgeois veut bâtir comme les grands seigneurs ;
Tout petit prince a des ambassadeurs ;
Tout marquis veut avoir des pages.

LES DEUX TAUREAUX ET LA GRENOUILLE.

Deux taureaux combattaient à qui posséderait
Une génisse avec l'empire.
Une grenouille en soupirait.
Qu'avez-vous? se mit à lui dire
Quelqu'un du peuple coassant.
Eh! ne voyez-vous pas, dit-elle,
Que la fin de cette querelle
Sera l'exil de l'un; que l'autre le chassant,
Le fera renoncer aux campagnes fleuries?
Il ne règnera plus sur l'herbe des prairies,
Viendra dans nos marais régner sur les roseaux;
Et, nous foulant aux pieds jusques au fond des eaux,
Tantôt l'une, et puis l'autre, il faudra qu'on pâtisse
Du combat qu'a causé madame la génisse.
Cette crainte était de bon sens.
L'un des taureaux en leur demeure
S'alla cacher, à leurs dépens:
Il en écrasait vingt par heure.

Hélas! on voit que de tous temps
Les petits ont pâti des sottises des grands.

LE LOUP, LA CHÈVRE & LE CHEVREAU

La bique allant remplir sa traînante mamelle
Et paître l'herbe nouvelle,
Ferma sa porte au loquet,
Non sans dire à son biquet :
Gardez-vous, sur votre vie,
D'ouvrir, que l'on ne vous die,
Pour enseigne et mot du guet :
Foin du loup et de sa race !
Comme elle disait ces mots,

Le loup, de fortune, passe :
Il les recueille à propos,
Et les garde en sa mémoire.
La bique, comme on peut croire
N'avait pas vu le glouton.
Dès qu'il la voit partie, il contrefait son ton,
Et d'une voix papelarde,
Il demande qu'on ouvre, en disant : Foin du loup !
Et croyant entrer tout d'un coup.
Le biquet soupçonneux par la fente regarde :
Montrez-moi patte blanche ou je n'ouvrirai point,
S'écria-t-il d'abord. Patte blanche est un point,
Chez les loups, comme on sait, rarement en usage.
Celui-ci, fort surpris d'entendre ce langage,
Comme il était venu s'ent retourna chez soi.
Où serait le biquet s'il eût ajouté foi
Au mot du guet, que de fortune,
Notre loup avait entendu ?

Deux sûretés valent mieux qu'une,
Et le trop en cela ne fut jamais perdu.

LE LION ABATTU PAR L'HOMME.

On exposait une peinture
Où l'artisan avait tracé
Un lion d'immense stature
Par un seul homme terrassé.
Les regardants en tiraient gloire.
Un lion en passant rabattit leur caquet !
Je vois bien, dit-il, qu'en effet
On vous donne ici la victoire :
Mais l'ouvrier vous a déçus ;
Il avait liberté de feindre.
Avec plus de raison nous aurions le dessus,
Si mes confrères savaient peindre.

L'ANE & LE PETIT CHIEN.

Ne forçons point notre talent,
Nous ne ferions rien avec grace :
Jamais un lourdaud, quoi qu'il fasse,
Ne saurait passer pour galant.
Peu de gens, que le ciel chérit et gratifie,
Ont le don d'agréer infus avec la vie.
C'est un point qu'il leur faut laisser,
Et ne pas ressembler à l'âne de la fable,
Qui, pour se rendre plus aimable

Et plus cher à son maître, alla le caresser.
                Comment ! disait-il en son âme,
                Ce chien, parce qu'il est mignon,
                Vivra de pair à compagnon
                Avec Monsieur, avec Madame :
                Et j'aurai des coups de bâton !
                Que fait-il ? il donne la patte,
                Puis aussitôt il est baisé :
S'il en faut faire autant afin que l'on me flatte,
            Cela n'est pas bien malaisé.
            Dans cette admirable pensée,
Voyant son maître en joie, il s'en vient lourdement,
            Lève une corne tout usée,
La lui porte au menton fort amoureusement,
Non sans accompagner, pour plus grand ornement,
De son chant gracieux cette action hardie.
Oh ! oh ! quelle caresse ! et quelle mélodie
Dit le maître aussitôt. Holà, Martin-bâton !
Martin-bâton accourt : l'âne changé de ton.
                Ainsi finit la comédie.

LE RENARD & LES RAISINS.

Certain renard gascon, d'autres disent normand,
Mourant presque de faim, vit au haut d'une treille
Des raisins mûrs apparemment,
Et couverts d'une peau vermeille.
Le galant en eût fait volontiers son repas.
Mais comme il n'y pouvait atteindre :
Ils sont trop verts, dit-il, et bons pour des goujats.

Fit-il pas mieux que de se plaindre ?

LE CHAMEAU ET LES BATONS FLOTTANTS.

Le premier qui vit un chameau
S'enfuit à cet objet nouveau ;
Le second approcha ; le troisième osa faire
Un licou pour le dromadaire.
L'accoutumance ainsi nous rend tout familier :
Ce qui nous paraissait terrible et singulier
S'apprivoise avec notre vue
Quand ce vient à la continue.
Et puisque nous voici tombés sur ce sujet :
On avait mis des gens au guet,
Qui voyant sur les eaux de loin certain objet,
Ne purent s'empêcher de dire
Que c'était un puissant navire.
Quelques moments après, l'objet devint brûlot,
Et puis nacelle, et puis ballot.
Enfin bâtons flottant sur l'onde.

J'en sais beaucoup de par le monde
A qui ceci conviendrait bien :
De loin, c'est quelque chose ; et de près, ce n'est rien.

www.ingramcontent.com/pod-product-compliance
Lightning Source LLC
Chambersburg PA
CBHW060715050426
42451CB00010B/1462